寻信人

上海博物馆 编

U0843658

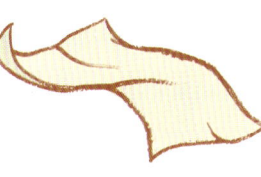

上海人民美术出版社

空寂了许多光景的弄堂里又有了大动静。人还没进来,风就毫无征兆地刮起来,吹得晾衣杆上的衣服直打转儿。猫"喵喵"叫起来,阿鲲来了。

故事就是从搬家开始的。

阿鲲不是那种一眼能看出来的设计师。

搬家后，他就蜗居在这栋老房子的二层。房间空落，家当因为惯常的随性，每搬一次家就更少一点。电脑、相机是职业需要，但笔记本和笔才是他真正的贴身装备。他不太标新立异，只对笔记本特别：包了一张书衣。这张书衣是他在蓝印花布的染坊考察时手作的，书衣的纹样选用了传统吉祥寓意的蝴蝶与荷花，在由点及面的排布中密而不乱，民间又冠以一个诗意的名字："蝶恋花"。"尽管都是天然染料，却很是耐久耐看，很有民俗的温度。"阿鲲觉得再适合自己不过了。

阿鲲从未见过上一任房主。但住得久了,也不知从哪里冒出了相识感。大概是家具吧。屋里的好些老家具,斑斑驳驳,满身都是故事。这藤花几看上去貌不惊人的,细看竟是全凭天然的圆木和藤条弯曲绑扎而成。阿鲲不禁想起托耐特的 14 号曲木椅来,它是利用蒸弯技术由天然木材弯曲组装而成。藤花几几面上的方形污渍,是可以叫人想象那里长久以来放着盆景的模样的。"很可能是一株五针松呢。"阿鲲这样揣测。

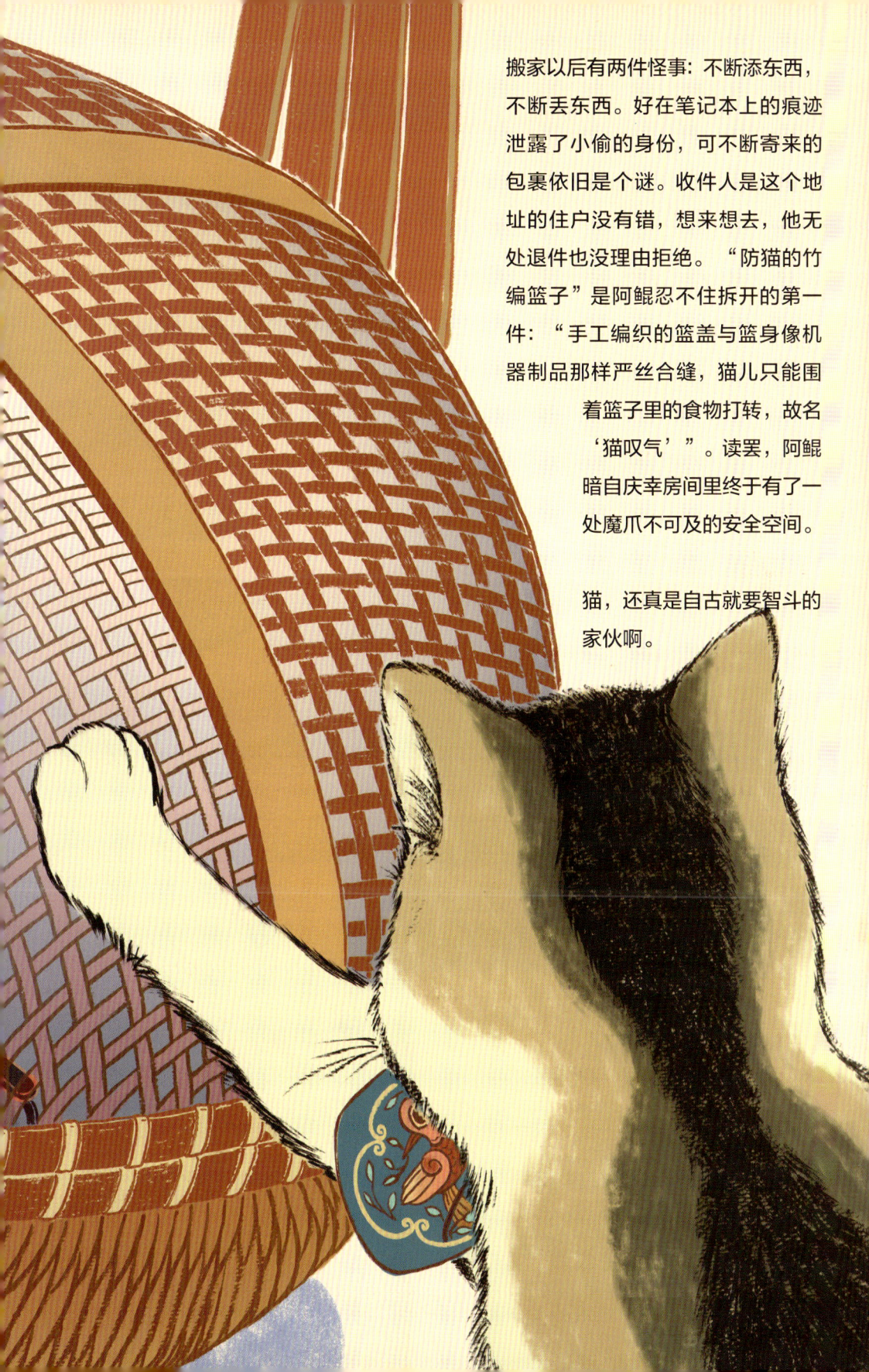

搬家以后有两件怪事:不断添东西,不断丢东西。好在笔记本上的痕迹泄露了小偷的身份,可不断寄来的包裹依旧是个谜。收件人是这个地址的住户没有错,想来想去,他无处退件也没理由拒绝。"防猫的竹编篮子"是阿鲲忍不住拆开的第一件:"手工编织的篮盖与篮身像机器制品那样严丝合缝,猫儿只能围着篮子里的食物打转,故名'猫叹气'"。读罢,阿鲲暗自庆幸房间里终于有了一处魔爪不可及的安全空间。

猫,还真是自古就要智斗的家伙啊。

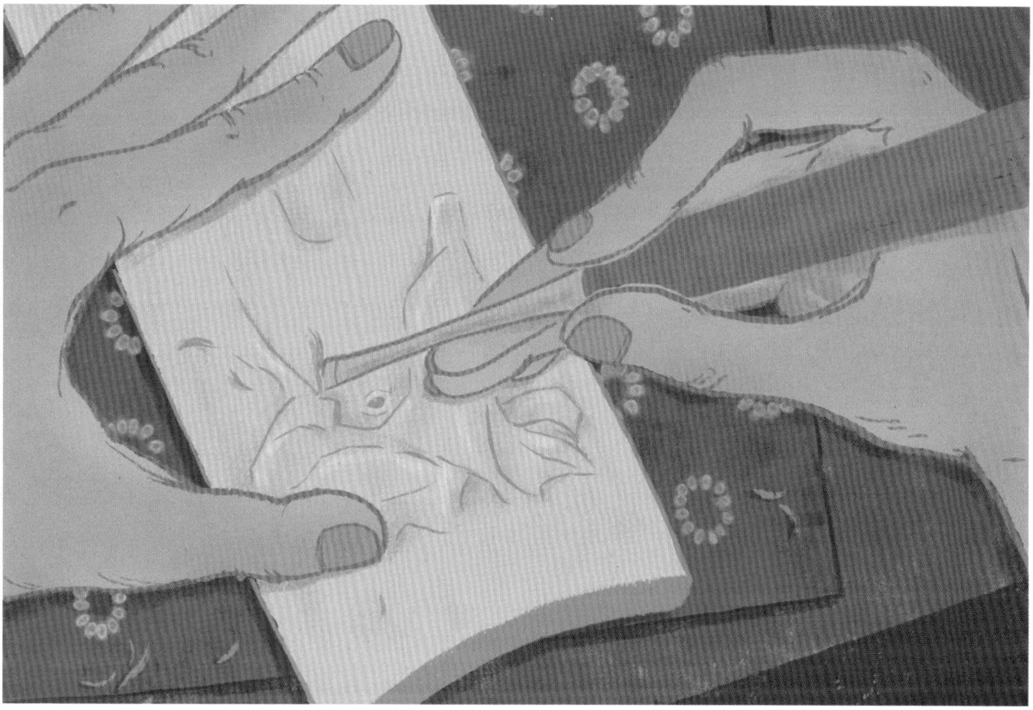

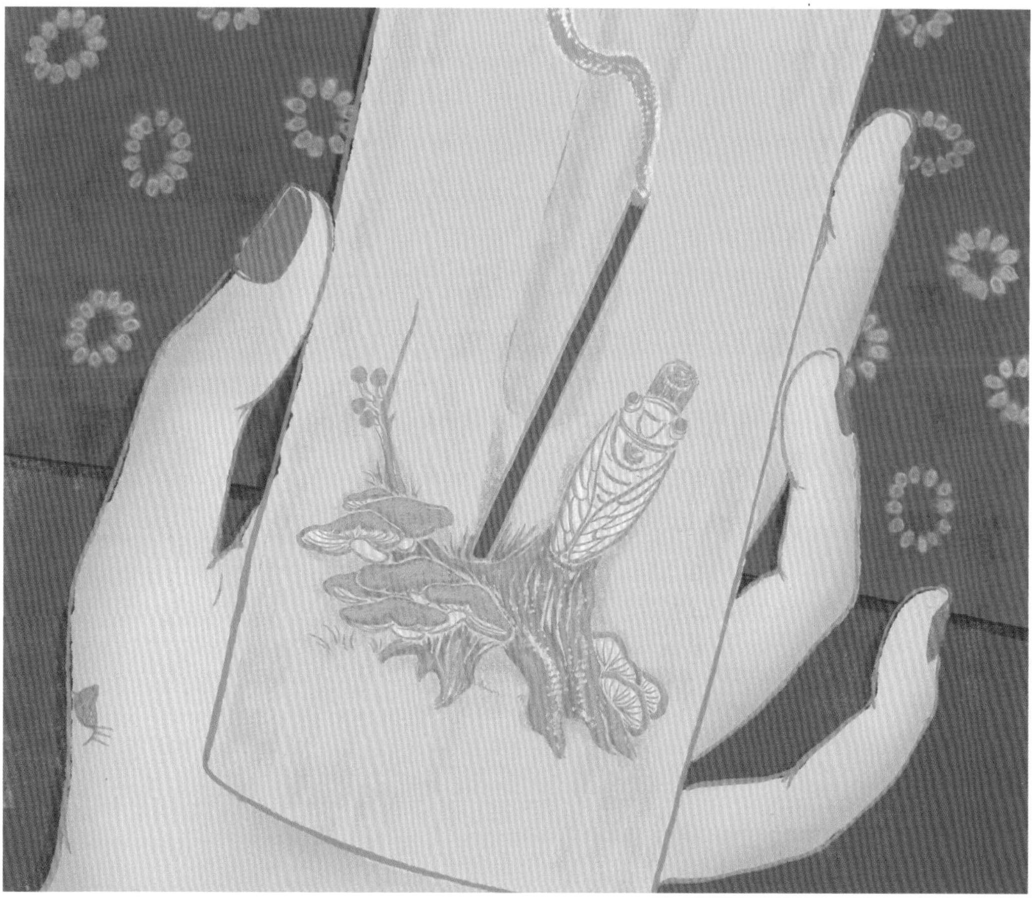

连续几件包裹燃起了阿鲲作为设计师本能的好奇。寄来的一张木版年画让他联想起安迪·霍沃尔通过丝网的滑动位移，令本可达到机械化复制的丝网印刷呈现错位效果的做法。一色一版的木版套印形成一种粗放而张扬的独特美感，充满民俗气息的题材满载文化的温情，很有人间的味道。"这类质朴的手作工艺在大机械制造时代将会重燃生命力。"这样想着，阿鲲便决定去一次苏州。

四十多种不同名称的扇头摆在面前的时候,让人颇有种"高级定制"的错觉。传统的苏州制扇融合了选材、精工、书画三重工序,在匠心与技艺、设计与艺术的高度凝练中,阿鲲相信

自己看到的决不仅仅是一件功能性的日用品,而是古代至高规格的文化消费品之一。"天有时,地有气,材有美,工有巧,合此四者,然后可以为良"——说的不就是苏扇吗?

"阿鲲侬回来啦。前两天有个小姑娘来寻侬，看着还蛮眼熟的嘞。"

想着藤花几上的空缺，阿鲲从苏州回来便捎带了一方盆景。传统的山水盆景多用落叶树，树桩规则、树干微曲，通过绑扎和修剪营造特定的桩景，想必藤花几上原先那盆就是。不过阿鲲更偏爱当代的创意盆景，古砖上立一截枯朽的木桩，木桩青苔丛生的裂缝间，一段经雕琢的黄杨木横贯而起，砖面上白沙铺作，意境绝尘。阿鲲掏出笔记本速写，把白沙画成了云海，还加了个像极了自己的小人进去。

阿鲲第一次看到这样的剪纸。身着旗袍的女人半睐着眼，欲睁未睁，雪白的胳膊像是能把人一下子拉进画框里去。剪纸的色彩舍弃了传统的单色红，而以黑白为基本线条，间以明艳的红与黄。看到剪纸里的老建筑和猫时，阿鲲觉得既熟悉又迷幻，像极了这几夜的梦：因苏州之行而错失的访客，在景德镇能遇见吗？

景德镇并不像原先想的那样满是仿古瓷。陶艺村里，碎了的青花瓷片规则镶嵌在青石板路边的缝隙里，篱笆间高低错落地堆叠着当代瓷作。"不要在家里放一件你认为有用，但却不美的东西。"想起威廉·莫里斯的名言，阿鲲试着用挑剔的眼光去集市上选些工艺品。

景德镇

"小姑娘侬寻萨宁啊?"
"侬不晓得啊?走掉好几个月啦。现在住的那个小伙子,倒叫人想起几十年前的老先生嘞。"
……

四季更迭在都市的步调中并不那么引人注意，若不是亲戚托人送来家里自制的糕点，阿鲲都未曾意识到年关将近了。

熟悉的神秘包裹一停就是一月。"大概是寄到平行时空去了。"阿鲲喃喃道。一年一度的鲤鱼糕倒是如期而至，甚至连尾巴上那个突出的斑点都没变。没想到小时候对模具的恶作剧比一切的计划、欲望与记忆都来得持久。阿鲲切了一小块喂猫，它嗅了嗅，不留情面地转过身去
——毕竟没有真鱼的味道。

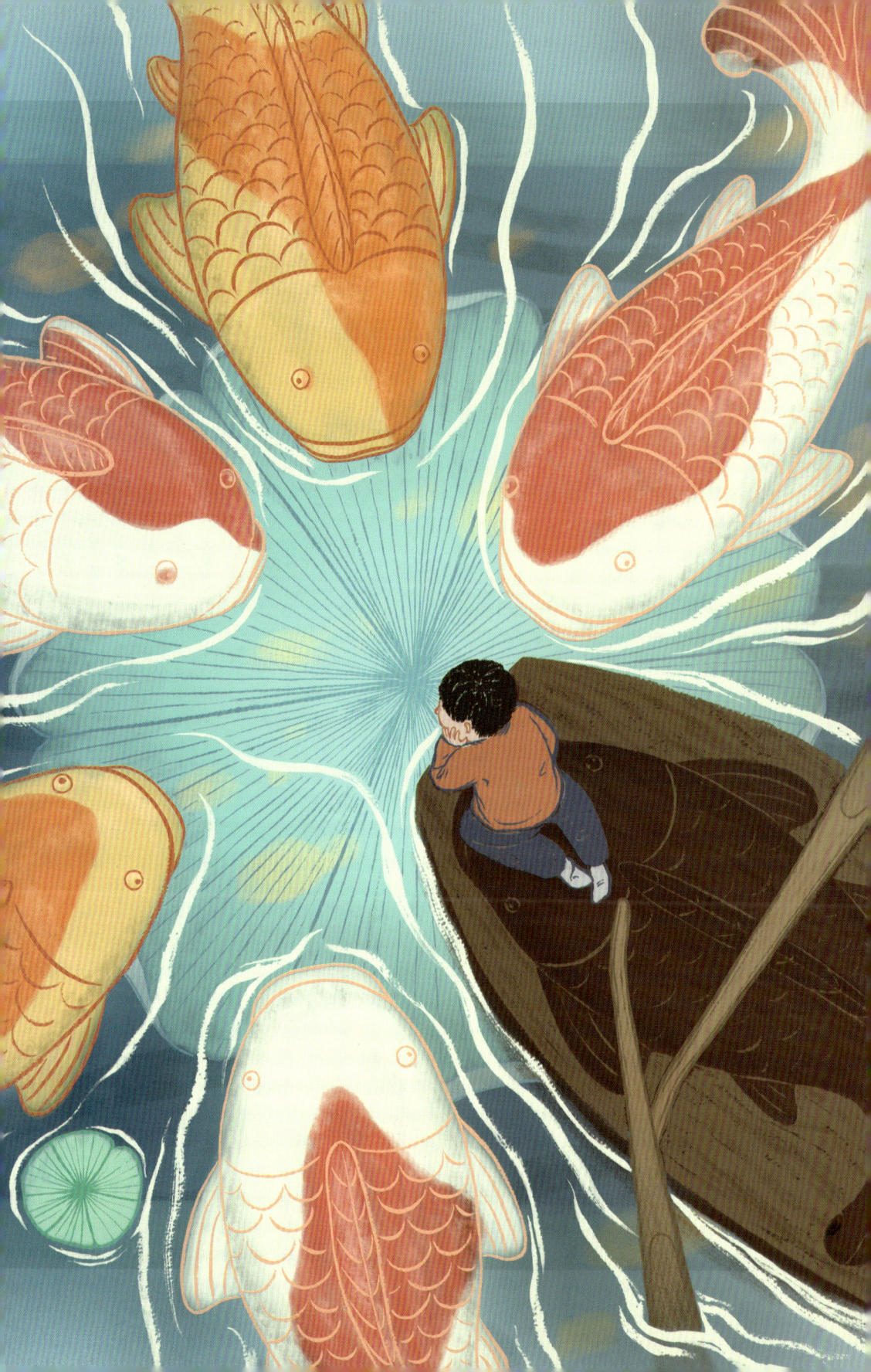

在绛州定制的剔犀云纹桃心漆盒寄到了：正正好好十个月。因为亲眼见过从人工采漆到层层髹涂的制作工序，这个手掌大小的漆盒由时间垒起的厚度与精细，很是可感。红黑色线在漆层断面间交替层叠，随如意云纹循环往复。看着看着，阿鲲觉得昏昏沉沉，像是陷在了没有尽头的堑道里。

华灯初上，一时间火树银花，人山人海。圆滚滚的兔子灯竖着长耳朵，欢跃在穿梭嬉闹的小不点儿身边。立体灯彩最为风雅精细。阿鲲记得灯彩匠人说过，即便做这种小型的动物灯至少也要花费两到三天。扎造型是最下功夫的，稍有不甚就要重头来过。功亏一篑的事情难免发生，也因此人心对完满的珍惜和对瑕疵的容忍同存。

年复一年,城隍庙的灯彩从来不负元夜的邀约,亲朋相携,独自的看灯人总是极少的。

包裹停了有一段时间了，弄堂里也很久没有风刮起。

阿鲲已经在路上。他常常会想神祇与祝福，想旅行家的山水、窑神的火、艺术的边界，还有桃木、瓷石与树叶……而所有这些都包含了一切再见她时的暗语——艺匠。

故事终。

#### 图书在版编目（CIP）数据

艺匠寻信人：艺匠古今 / 上海博物馆编 . – 上海：
上海人民美术出版社，2018.5
ISBN 978-7-5586-0833-9

Ⅰ. ①艺… Ⅱ. ①上… Ⅲ. ①民间艺人—生平事迹—中国—现代 Ⅳ. ①K825.7

中国版本图书馆 CIP 数据核字（2018）第 075031 号

### 艺匠寻信人（艺匠古今）

| | |
|---|---|
| 出 版 人： | 顾　伟 |
| 编　者： | 上海博物馆 |
| 主　编： | 杨志刚 |
| 策　划： | 陈曾路 |
| 统　筹： | 徐明松 |
| 著　者： | 盛逸心 |
| 插　画： | 挪猫者 |
| 责任编辑： | 罗　西 |
| 特约编辑： | 顾　婧 |
| 装帧设计： | 曹文涛 |
| 技术编辑： | 程佳华 |
| 出版发行： | 上海人民美术出版社 |
| 地　址： | 上海长乐路 672 弄 33 号　邮编：200040 |
| 网　址： | http://www.shrmbooks.com |
| 印　刷： | 上海印刷（集团）有限公司 |
| 开　本： | 787×1092　1/16　4.25 印张 |
| 版　次： | 2018 年 5 月第 1 版 |
| 印　次： | 2018 年 5 月第 1 次 |
| 书　号： | ISBN 978-7-5586-0833-9 |
| 定　价： | 42.00 元 |